RAPPORT

SUR LA

CAMPAGNE DE L'EST

(1870-1871)

PARIS. — IMP. VICTOR GOUPY, RUE GARANCIÈRE, 5.

RAPPORT

SUR LA

CAMPAGNE DE L'EST

(1870-1871)

BESANÇON — BELFORT — ARMÉE DE BOURBAKI

SA RETRAITE EN SUISSE

PAR

M. J. JUTEAU (de Belfort)

AVOCAT A LA COUR D'APPEL DE PARIS
CHARGÉ PAR LE GOUVERNEMENT D'UNE MISSION DANS L'EST

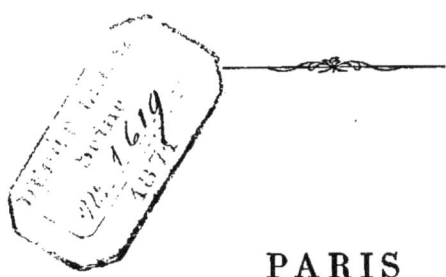

PARIS

E. LACHAUD, LIBRAIRE-ÉDITEUR,
PLACE DU THÉATRE-FRANÇAIS, 4.

—

1871

RAPPORT

SUR LA

CAMPAGNE DE L'EST

(1870-1871)

I

Paris était assiégé dès le 15 septembre, les armées allemandes envahissaient nos provinces de l'Est et des Vosges. Cette douloureuse situation devait doublement m'émouvoir, comme Français et comme Alsacien : Né à Belfort, et connaissant dès l'enfance toute la chaîne des Vosges, il m'était particulièrement facile de rechercher et d'étudier les meilleures positions que présentaient l'Alsace et la Lorraine pour la défense du pays.

M. Jules Favre, ministre de l'intérieur et des affaires étrangères, voulut bien, sur ma demande, me confier la mission dont voici la teneur :

« Le ministre des affaires étrangères, ministre de
« l'intérieur par intérim, charge M. Juteau, avocat à
« la Cour de Paris, officier de la garde nationale, de
« se rendre près de la Délégation du gouvernement de

« Tours, de se mettre à sa disposition, particuliè-
« rement de prendre les ordres de M. Gambetta, minis-
« tre de l'intérieur et de la guerre. — M. Juteau pourra
« se rendre près de M. Ordinaire, préfet du Doubs, et
« concourir avec lui à la défense des Vosges. — Le
« Gouvernement compte sur son intelligence et son
« courage.

« Paris, 25 octobre 1870.

« JULES FAVRE,

« *Approuvé, le général, gouverneur de Paris,*

« Paris, 6 novembre 1870.

« Général TROCHU. »

Paris était rigoureusement investi par les Prussiens; comment en sortir?

M. Piper, un des fournisseurs de l'armée, avait fait construire un ballon, pouvant recevoir trois voyageurs seulement, qu'il devait monter avec un jeune employé; j'obtins la troisième place.

Quoique sans expérience de ce mode de locomotion, le 7 novembre 1870, à dix heures du matin, nous nous élevâmes, sans aéronaute, au-dessus de Paris.

Après un voyage de quatre heures et demie, notre ballon, poussé et ramené par des courants contraires, se dégonfla tout-à-coup à une hauteur de 4,500 mètres, et s'abattit, avec une vitesse vertigineuse, entre Brie-Comte-Robert et Combes-la-Ville, c'est-à-dire au milieu même des lignes prussiennes.

On sait avec quelle ardeur l'ennemi cherchait à

empêcher ces moyens de communication de Paris avec la province ; nous ne pûmes échapper à ses poursuites qu'à travers les plus grands périls et le 10 novembre, j'étais enfin à Tours, où M. Gambetta confirma, dans les termes suivants, la mission que je tenais de M. Jules Favre :

« Je joins ma recommandation à celle de mes honorables collègues, MM. Trochu et Jules Favre, en faveur de M. Juteau, qui se rend à Besançon auprès de M. Ordinaire, préfet du Doubs. M. Juteau se présente pour tenter quelque opération utile à la défense nationale dans les Vosges. Le préfet du Doubs devra lui faciliter l'accomplissement de cette opération ou de toute autre se rapportant au même sujet, par tous moyens en son pouvoir, la présente recommandation ne pouvant préjudicier en rien aux prérogatives des autorités militaires et civiles, aux instructions desquelles M. Juteau sera tenu de se conformer.

« A Tours, le 13 novembre 1870.

« *Le ministre de l'intérieur et de la guerre,*

« L. GAMBETTA. »

En arrivant à Besançon, j'appris que, depuis le 25 octobre, les événements s'étaient précipités, et avaient complétement changé la face des choses.

L'armée des Vosges n'existait déjà plus ; une partie avait rejoint l'armée de la Loire, et l'autre s'était réunie entre Chagny et Autun, sous le commandement de Garibaldi.

L'ennemi investissait étroitement Belfort, et se répandait dans la vallée de l'Oignon, poussant ses audacieuses reconnaissances jusqu'au pied des murailles de Besançon.

Et cela tenait à ce que cette ville de premier rang, au point de vue militaire, qui pouvait servir de rempart à tout le midi, avait été laissée, par la Délégation de Tours, dans un déplorable état d'abandon.

Quelques bataillons de mobiles et de mobilisés (ces derniers encore en formation), quelques marins et 3,000 hommes à peine de troupes de ligne, composaient toute la garnison.

Les fortifications n'étaient pas achevées ; on avait surtout négligé de mettre en défense Montfaucon, le plus important des forts de la place qui, par sa position élevée, commande le fort Brégile, et dont l'occupation par l'ennemi lui permettrait de couvrir toute la ville de ses feux. C'était surtout le manque de canons et de fusils, qui excitait des craintes sérieuses ; la Délégation de Tours les avait enlevés au fur et à mesure de ses besoins.

Besançon n'avait pas pour huit jours de vivres, et son stock en viande se réduisait à 250 bœufs.

Des discussions locales, des dissentiments entre l'autorité militaire et l'administration civile, avaient aggravé cet état d'abandon où on avait laissé cette partie si importante de nos défenses nationales.

Ce qui se passait en ce moment avait déjà eu lieu quelque temps auparavant, lorsque M. Albert Grévy fut nommé commissaire civil, avec les pouvoirs les plus étendus, pour la défense des provinces de l'est.

Intelligent, actif, jouissant des sympathies et de la

confiance des habitants de ces contrées, M. Grévy aurait assurément organisé une défense digne d'une position si importante, d'autant plus que chacun s'empressait, à l'envi, de lui apporter son concours. Mais un différend sur lequel je n'ai pas à me prononcer ayant surgi entre lui et M. le ministre de la guerre, il crut de sa dignité de résigner ses pouvoirs.

Dans l'état des choses, le commandant de la place, M. le général de division de Prémonville, comprenait si bien l'impossibilité de résister, que guidé par un sentiment d'humanité, il avait délibéré, avec le conseil municipal, sur la nécessité de rendre la ville immédiatement, en cas de siége.

Cette proposition fut énergiquement repoussée par M. le préfet Ordinaire : « Tant que je serai préfet, ré-
« pondit-il au général, la ville se défendra jusqu'à la
« dernière extrémité. »

Le vieux nom de Franche-Comté dont cette province s'énorgueillissait autrefois, était donc alors un non sens, et les habitants de Besançon, ces descendants des fiers républicains du moyen-âge, avaient-ils perdu cette jalouse et rude indépendance que l'antique cité avait vaillamment défendue dans tant de combats et à toutes les époques de son histoire?...

Non, lorsqu'ils voyaient l'ennemi s'avancer à quelques kilomètres de la place, leur irritation n'avait plus de bornes. La ville était profondément agitée et s'indignait contre le général de Prémonville, dont chacun blâmait la faiblesse.

La vue des campagnes ravagées et rançonnées impitoyablement, spectacle que les jeunes gens ignoraient encore et dont les vieillards n'avaient jamais été outragés pendant les invasions de 1814 et 1815, blessait dans tous les cœurs le sentiment intime de la patrie. Les gardes nationaux sédentaires, oubliant les douceurs du foyer, s'équipaient, s'armaient, sous les yeux de leurs femmes qui les poussaient en avant.

Témoin bien attristé de cette inaction inconcevable de la Délégation de Tours, et réfléchissant sur les causes de l'abandon des avantages qu'offrait cette place, je résolus de signaler à M. le ministre de la guerre et les conséquences désastreuses qu'une pareille négligence entraînerait nécessairement pour le pays et les moyens d'y apporter un prompt remède.

Les Vosges ayant été abandonnées par notre armée, la mission que j'avais reçue n'avait plus d'objet; et comme il ne m'était pas plus possible de rentrer à Paris que de pénétrer à Belfort pour me joindre à mes compatriotes et partager leurs périls, je m'occupai immédiatement de l'exécution de mon projet.

Il fallait, avant d'agir, ajouter à mes connaissances topographiques du pays les idées pratiques des hommes spéciaux, — moyen efficace de donner au travail que je voulais préparer, l'autorité qui lui était nécessaire.

On m'avait souvent parlé de M. de Bigot, lieutenant-colonel d'état-major de la division militaire, comme d'un officier supérieur très-remarquable qui, à des talents solides, joignait l'avantage de connaître à fond la Franche-Comté où il était né.

Dans ma première visite, je lui expliquai la situation nouvelle qui m'était faite par l'abandon des Vosges, et je lui soumis en même temps les réflexions que me suggérait la position stratégique de Besançon.

C'était, à mon avis, un point important d'où l'on *pouvait protéger la vallée de l'Oignon contre les incursions de l'ennemi, couvrir le midi et tenter une diversion dans l'est.*

N'était-ce pas, en effet, le moment de reprendre l'offensive en utilisant les gardes nationaux mobilisés du Doubs, de la Haute-Saône, de l'Ain, et les Volontaires de l'Alsace et des Vosges, dont chaque jour grandissait l'exaspération contre les envahisseurs.

« Je suis de votre avis, me répondit M. de Bigot, il
« y a longtemps que cette idée me préoccupe.

« La position militaire de Besançon est admirable
« pour tenter une diversion dans l'est, changer le
« théâtre de la guerre et frapper un grand coup.
« Paris a assez de vivres pour résister jusqu'au mois
« de février, et Belfort tiendra encore trois mois.
« Mettant à profit ce délai, nous pourrions approvi-
« sionner largement la ville, achever les fortifications
« et établir autour de Besançon un vaste camp retran-
« ché pour y recevoir un grand nombre de troupes
« qu'on organiserait et disciplinerait. — L'ennemi se-
« rait sans défiance, car il pourrait attribuer ces me-
« sures et ces dispositions au désir de mettre la place
« à l'abri d'une attaque et de protéger les cam-
« pagnes. »

J'usai de l'autorisation qu'il m'avait donnée de le

consulter sur les mesures à prendre et sur le plan que je voulais exposer à l'appréciation de la délégation de Tours.

Dans ces questions techniques, attentif à rapprocher toutes les idées de la portée de mon esprit, sur des matières qui ne m'étaient pas familières, il voulait bien dérober quelques heures à ses nombreuses occupations pour me faciliter les moyens de connaître et de me donner en même temps le droit de prononcer.

Mon travail terminé, je quittai Besançon, *le 25 novembre*, pour me rendre à Tours, avec une lettre de M. de Bigot, adressée à M. le ministre de la guerre, dont il appelait l'attention sur les dispositions à prendre à Besançon et sur le mémoire que je venais mettre sous ses yeux, mémoire d'autant plus digne d'intérêt, qu'il était le résultat et le résumé d'études sérieuses et pratiques; il terminait en demandant des fusils chassepots et des canons à longue portée pour armer les forts.

II

Le 27 *novembre*, je déposai au ministère de la guerre ces études que je transcris ici in extenso.

§ 1.

La ligne de défense formée par la vallée du Doubs et le *mont Lomont*, couverte à gauche par la forêt de Chaux, appuyée à droite à la Suisse, et dont la place de Besançon est le bastion central, est une base d'opération naturelle sur le flanc des lignes ennemies.

Cette définition résume la haute importance de cette position que nous appellerons la *position de Besançon*. Elle est telle qu'un corps d'armée organisé, l'occupant, aurait forcément immobilisé, dans la Haute-Alsace, les Vosges et la Haute-Saône, une armée d'un chiffre au moins triple du sien, en l'empêchant de faire d'une manière régulière le siége d'aucune des places fortes de Belfort, Langres, Auxonne ou de Besançon, ni aucune tentative sur Dijon.

En effet, tant que l'armée des Vosges, à peine organisée, a occupé la *position de Besançon*, l'ennemi n'a osé tenter sérieusement aucune des opérations que nous venons d'indiquer.

Mais cette armée ayant malheureusement abandonné Besançon, d'où elle avait victorieusement repoussé une attaque de l'ennemi (à Châtillon), même avant d'être organisée, il en est résulté que toute la région de l'est est restée seulement avec la garnison normale de ses places fortes, dont chacune se trouve ainsi livrée à ses propres forces. Elle laissait l'ennemi libre d'assiéger la place qu'il lui importait le plus d'occuper pour la suite de ses opérations.

Il suffit, en effet, à l'ennemi d'occuper la Haute-Saône, avec quelques corps retranchés, notamment à Saint-Mamès, Vesoul, Frasnes et Gray, avec deux ou trois colonnes mobiles de 4 à 5,000 hommes, pour empêcher les garnisons des places fortes, précédemment désignées, de combiner leur action; il nous est, en outre, impossible de secourir celles qui seraient assiégées, ainsi que cela a lieu pour Belfort en ce moment.

Indépendamment de ces inconvénients, l'abandon de Besançon a permis aux Prussiens de s'emparer de Dijon, grand centre de ressources, et les a rendus maîtres d'une nouvelle ligne de chemin de fer.

L'occupation de Dijon, d'où ils se relient par les points d'appui qu'ils ont dans la Haute-Saône, avec leur base d'opération, leur facilite le moyen de menacer la vallée du Rhône, comme le bassin de la Seine, de couper l'une de l'autre ces vallées et de concourir puissamment à l'approvisionnement des armées qui bloquent Paris.

Quel est le remède à cette fâcheuse situation?....
Il n'y en a qu'un seul dans l'état actuel des choses, c'est de reconstituer, sous la ligne de défense de Besançon, un corps d'armée de force suffisante pour déjouer les combinaisons ennemies qui sont uniquement basées sur l'abandon, par nos troupes, de cette place forte.

§ 2.

La position militaire de Besançon est constituée par le plateau jurassique de la rive gauche du Doubs qui en est le fossé naturel. La rive gauche est dominée par des escarpements qui se continuent sans interruption, depuis Beaume-les-Dames jusqu'à Byans.

La ville est le bastion central de cette ligne de défense.

Du côté de Montbéliard, en amont de Beaume-les-Dames, la vallée moins escarpée offre plusieurs passages à l'ennemi, que la garnison de Besançon est obligée de garder avec quelques forts détachements. Il est indispensable de protéger ces passages pour empêcher l'ennemi de monter sur les plateaux, de tourner ainsi la place de Besançon par la droite et de venir menacer l'arrière et les hauteurs de la ville; ce qui serait extrêmement dangereux pour la citadelle et les autres forts.

La défense de la ville est donc autant à l'extrême droite, en face de Montbéliard, qu'autour de la place elle-même. Dans cette partie, la rivière ne forme qu'une ligne de défense ; la seconde ligne, la plus sérieuse, est le mont Lomont qui, formant une ligne droite, de Beaume-les-Dames à Pont-de-Roide, est la base d'un triangle, dont la rivière du Doubs constitue les deux autres côtés et dont le *saillant* est Voujeaucourt et Audincourt.

§ 3.

Voici un point capital où le génie s'est trompé : Les deux chaînes du Jura et des Vosges laissent entre elles un accès ouvert, c'est la *trouée de Belfort*, célèbre par les travaux des stratégistes. On croit communément que Belfort la ferme et commande le vaste bassin de la Saône et du Rhône. Non ; cette place ne ferme point la trouée ; elle est plus rapprochée des Vosges que du Jura, et maintenant que l'ennemi est maître de la Lorraine et de l'Alsace, elle se trouve naturellement tournée. L'espace qui s'étend entre elle et la ligne de défense du Doubs étant beaucoup trop grand pour qu'elle puisse le couvrir, cet espace est livré à l'ennemi qui ne manquera pas d'occuper fortement Montbéliard. Belfort est donc complétement isolé de Besançon et acculé aux Vosges.

Ce n'était pas à Belfort qu'il fallait faire un camp retranché, c'était sur le Doubs lui-même, à Montbéliard ou à Mandeure. L'importance stratégique de cette position n'avait pas échappé aux Romains. Un camp retranché à cet endroit commanderait, en effet, toute la vallée du Doubs, tous les défilés par lesquels l'ennemi pourrait pénétrer sur le premier plateau du Jura et rester en communication avec Besançon.

Besançon est obligée de défendre les passages du haut Doubs et du Lomont, comme si Belfort n'existait pas. La garnison de Belfort est donc perdue pour la défense nationale, ou du moins elle n'immobilise qu'un faible corps ennemi.

§ 4.

Quant à la gauche de Besançon, elle est couverte par la forêt de Chaux, entre les vallées du Doubs et de la Loue; mais elle est surtout défendue par les escarpements du plateau jurassique depuis Salins, et par la vallée de la Loue elle-même, qui forme comme un fossé profond de deux cents mètres, et remontant vers le nord, se rapproche de la vallée du Doubs, laissant entre elle et cette rivière une sorte d'isthme de trois kilomètres. Cet isthme est la porte des plateaux qu'il faut par conséquent défendre par des travaux de fortifications passagères.

Besançon, avec les obstacles que présente le terrain jurassique, offre donc un ensemble *de positions* fortifiées qui constituerait un *vaste camp retranché*, si l'on voulait compléter les obstacles du sol, avec de simples travaux de fortifications passagères.

Une armée, même de récente formation, pourvue d'une artillerie suffisante, y devrait donc être inexpugnable; elle gagnerait le temps nécessaire pour y achever son organisation.

Il lui serait alors permis de prendre l'offensive, d'entrer dans la Haute-Saône, qui est à présent une des grandes routes de l'invasion, de couper toutes les communications de l'ennemi, en traversant ses lignes d'opération; d'aller débloquer Belfort, en débouchant par Montbéliard, sans avoir à craindre un échec grave; car cette armée aurait toujours, dans Besançon, un point d'appui rapproché et capable d'arrêter l'ennemi; d'entrer en Lorraine en s'appuyant à gauche, sur la place de Langres, de réoccuper les défilés des Vosges et couper les communications de l'ennemi jusqu'à Nancy.

Bien plus, l'armée d'expédition pourrait encore se jeter dans la Haute-Marne et la Champagne, et faire sa jonction avec celle de Paris, en supposant qu'animée et encouragée par cette marche hardie, elle tentât une sortie.

S'il n'est pas possible, quant à présent, de concentrer une armée à Besançon, ce serait une faute de n'y pas organiser ce camp retranché, en profitant des défenses naturelles du sol, et de négliger ainsi un moyen d'action efficace pour l'avenir.

Il est important de remarquer combien cette position couvre la vallée de la Saône et du Rhône, la place de Lyon, depuis Verdun, sur le Doubs, à son confluent avec la Saône. En effet, si elle était occupée par un corps d'armée important, l'ennemi ne pourrait passer de la Haute-Saône dans la vallée inférieure, sans opérer des marches de flanc, très-dangereuses devant cette place, autour de laquelle il serait obligé de décrire un vaste *arc de cercle*, et sans compromettre gravement sa ligne de communication.

Là est donc la vraie défense de Lyon et du midi; mais il faut pour cela qu'un corps d'armée y soit réuni : c'est une éventualité dont les événements ultérieurs démontreront la nécessité.

§ 5.

Au sud de Besançon, sur un plateau couvert de prés et de bois, dont le sol est extrêmement sain et résistant, s'étend un vaste espace, occupé seulement par quelques fermes et hameaux, autour duquel se rencontrent les villages de Fontain, Pujet, les granges des Sapins, Burey, Epeugney, Montron. Cet emplacement est protégé, au sud et à l'ouest, par le ravin profond de la vallée de la Loue, formant une coupure irrégulière de deux cents mètres de profondeur moyenne, dans le plateau ; au nord, par la vallée du Doubs, qui, par ses escarpements, offre un rempart naturel et formidable, dont les forts détachés de Besançon flanquent l'extrême droite.

Ce vaste plateau n'est ouvert que vers le nord-est, direction dans laquelle il se continue parallèlement à la vallée du Doubs, jusqu'au mont Lomont et aux défilés du Doubs qui sont la véritable défense de l'extrême droite de toute la position, et par où il est possible de déboucher, vis-à-vis de Montbéliard, pour opérer sur Belfort.

Ce plateau des Prés-Bois, éminemment propre à servir d'assiette à un vaste camp retranché, déjà défendu sur trois côtés par des vallées profondes et escarpées, est naturellement protégé par Besançon lui-même, puisqu'il ne peut être attaqué qu'en tournant cette place.

Là peuvent donc se réunir des troupes exercées et des troupes de nouvelle formation, avec de grands approvisionnements de toute nature, car elles se trouveraient à l'abri des attaques de l'ennemi, avec Besançon dont la ceinture d'ouvrages détachés forme déjà un camp retranché.

Cet ensemble de points stratégiques protégerait la *communication directe de Besançon avec Lyon*, par les deux lignes de chemin de fer et par la route de Pontarlier; on empêcherait ainsi l'ennemi de tourner la ville par la vallée de la Saône, au moyen de quelques corps détachés qui la commanderaient soit du côté de Salins, soit vers la forêt de Chaux.

Il faut donc dès à présent utiliser ces avantages et réunir, avec tous les moyens matériels, les troupes nécessaires; et si nous manquons à présent de corps réguliers en nombre suffisant, le devoir de la Délégation de Tours est de chercher, dans l'organisation de la garde nationale mobilisée, les forces nécessaires et ardemment attendues.

CHAPITRE II

Reçu le 2 décembre par M. de Freycinet, délégué au département de la guerre, je développai verbalement, dans les termes suivants, les idées contenues dans ce projet, en y ajoutant des considérations particulières à la situation des provinces de l'est :

« Par un concours de circonstances malheureuses,
« réunies à des fautes graves, les départements du
« Doubs et de la Haute-Saône, sont devenus une fron-
« tière de la France, ouverte aux Prussiens et aujour-
« d'hui le théâtre de leur invasion.

« Après avoir occupé, presque sans résistance,
« Lure, Vesoul, Gray et Dijon, ils menacent le midi ;
« car le combat près de Nuits, à la suite duquel ils
« ont pris cette ville, semble indiquer suffisamment
« que Werder veut poursuivre sa marche en avant vers
« Lyon, sans se préoccuper de Besançon.

« Que lui importe, en effet, cette place ? Abandonnée
« par la Délégation de Tours, peut-elle, dans les con-
« ditions où elle se trouve, le gêner, l'inquiéter, dans
« ses mouvements ou dans l'exécution de ses plans ?...
« Il lui sera toujours facile de s'en emparer, si Belfort
« tombe. Attaquée avec le canon, elle ne tiendra pas

« huit jours ; simplement bloquée, elle se rendra de
« même, puisqu'elle manque d'approvisionnements.

« Il faut donc mettre Besançon en état de déjouer les
« projets de l'ennemi, en compléter le système de dé-
« fense, y préparer les moyens de subvenir à la con-
« centration de troupes. Habillements, équipements,
« armements, subsistances, hôpitaux, tous ces articles
« doivent être l'objet de la vive et prompte sollicitude
« de l'administration.

« Les corps réguliers que nous avons maintenant à
« Besançon n'étant pas en nombre suffisant, notre
« devoir est de chercher dans l'organisation de la
« garde nationale mobilisée, les ressources qui nous
« font défaut.

« On réunira dans le camp retranché les gardes na-
« tionaux mobilisés du Doubs, de la Haute-Saône, de
« l'Ain, à mesure qu'ils seront enrôlés et équipés par
« leurs départements respectifs ; on y ajoutera les vo-
« lontaires de l'Alsace et des Vosges qui quittent leur
« pays envahi pour offrir leurs services. Le nombre de
« ces volontaires qui se sont rendus à Lyon, pour con-
« courir à la défense nationale dépasse déjà le chiffre
« de 10,000 ; bientôt il montera à 15,000, d'après les
« nombreuses lettres que je reçois de ces départe-
« ments. Cet empressement ne donne-t-il pas la me-
« sure du patriotisme de ces provinces, si l'on consi-
« dère que ces volontaires doivent tromper la surveil-
« lance des corps d'occupation et même franchir les
« lignes prussiennes à travers les neiges ?

« Forts et robustes, les hommes des provinces de

« l'Est semblent faits pour le métier de la guerre; in-
« sensibles à la rigueur du froid, ils sauront tirer un
« grand parti des accidents du terrain et des circon-
« stances fortuites; ils sauront supporter, en vrais
« soldats, les privations et les marches pénibles.

« Avec les gardes nationaux mobilisés des trois
« départements, réunis aux volontaires de l'Alsace et
« des Vosges, y comprises les troupes régulières de
« Besançon, ces corps formeront à peu près un
« effectif de 50,000 hommes, répartis de la manière
« suivante :

Gardes nationaux mobilisés du Doubs	8,000 homm.
— — de la Haute-Saône.	6,000 —
— — de l'Ain	10,000 —
Volontaires de l'Alsace et des Vosges	15,000 —
Troupes régulières de la garnison de Besançon et mobiles	11,000 —
Total.	50,000 homm.

« Pour organiser et exercer ces 50,000 hommes, on
« les versera dans des cadres formés par des officiers,
« des sous-officiers et même des caporaux, qui seront
« pris dans les dépôts de Lyon, de Grenoble et des
« autres villes de garnison.

« Placées sous le commandement d'un général in-
« telligent et actif, ces troupes pourront, au fur et à
« mesure de leur organisation, harceler l'ennemi, lui
« couper ses lignes d'opération et couvrir les dépar-
« tements du Doubs, de la Haute-Saône et de la Côte-
« d'Or. Ayant déjà le courage, on y joindra de cette
« manière la discipline dans la pratique, et ces deux

« qualités s'accroîtront réciproquement; la discipline
« se fortifiera par l'exercice au milieu des dangers, la
« bravoure deviendra plus sûre d'elle-même, de toute
« la confiance que donne l'expérience.

« Quant aux avantages que la défense nationale re-
« tirera de la création de cette armée et de ceux dont
« elle privera l'ennemi, j'en signalerai les principaux :

« D'abord ce serait un moyen d'utiliser des hommes
« intéressés à défendre leur pays et qu'on laisse dé-
« sœuvrés, en face de réquisitions écrasantes et de
« menaces prochaines; puis viendrait une guerre dé-
« fensive, dans laquelle les citoyens à demi-vaincus,
« profitant des retranchements naturels et artificiels
« qui couvrent les provinces jurassiques, finiraient
« par harasser l'ennemi et l'exposeraient à toutes les
« privations, à tous les désastres qui accablent une
« armée étrangère engagée dans un pays résolu à une
« lutte acharnée.

« Ensuite, ce qui serait non moins important, cette
« armée exercée, disciplinée et aguerrie par des
« combats partiels, reprendrait l'offensive dans le
« courant de janvier, *sans qu'il fût besoin pour cela*
« *d'affaiblir les armées de la Loire, si nécessaires à*
« *contenir celles du prince Frédéric-Charles.*

« Car le meilleur moyen de se défendre est celui
« d'attaquer; et, comme l'a dit Napoléon Ier : « *Le*
« *génie de la grande guerre est surtout l'art de reprendre*
« *l'initiative quand on l'a perdue par les premiers suc-*
« *cès de l'ennemi.* »

« Cette armée sera sûrement en état, dans le courant

« de janvier, de changer le théâtre de la guerre et de
« frapper un coup décisif contre les corps ennemis
« qui assiégent Belfort, occupent Dijon et qui se re-
« lient, de l'une à l'autre de ces deux places, par les
« garnisons de Vesoul, Gray et les colonnes mobiles
« qui protégent leurs convois.

« La défense de Belfort fait l'admiration de la France
« et de l'Europe. — Après avoir perdu Strasbourg,
« Metz, Toul, Verdun, Thionville, il faut au moins le
« sauver.

« Belfort délivré, c'est l'Alsace ouverte, c'est la
« chaîne des Vosges reprise, c'est Langres, Besançon
« et Lyon derrière, un point de concentration pour
« une armée destinée à couper les communications
« de celles qui assiégent Paris.

« Mais, pour ne rien donner au hasard et pour que
« l'effet soit décisif, il ne faut commencer cette
« campagne qu'avec des préparatifs qui répondent à
« l'importance d'une pareille entreprise; la métho-
« dique lenteur des Allemands nous en donnera le
« temps.

« Le moindre insuccès mettrait à néant ce qu'on
« aurait organisé, en produisant sur la garnison de
« Belfort un effet désastreux, ainsi que sur les popu-
« lations dont le moral aurait besoin d'être relevé.—
« Un échec, dans les conditions actuelles, exposerait
« Besançon et ouvrirait aux Prussiens toute la vallée
« du Rhône.

« L'ensemble des troupes à concentrer à Besançon
« devra s'élever à 70,000 hommes, composé des

« 50,000 qu'on aura réunis, organisés et disciplinés
« dans le camp retranché, et de 20,000 hommes de
« troupes régulières, qu'on fera venir de Lyon et des
« autres villes du midi, au moment où l'on jugera à
« propos de faire cette tentative sur Belfort et sur les
« Vosges.

« Que l'on donne à M. de Bigot les fonctions de chef
« d'état-major de cette armée, car personne ne sera
« mieux à même que lui de saisir le genre de guerre
« qu'exigent le pays et les circonstances, apprécier les
« qualités des troupes qui devront entreprendre cette
« campagne, et apprêter la tactique qu'il faudra
« adopter.

« Il est impossible de débloquer Belfort sans se ren-
« dre maître de Montbéliard, où les Prussiens se sont
« fortement retranchés; or, pour enlever cette place,
« on n'y peut arriver qu'en tournant la position par
« Blamont, Bondeval, Boncourt et Féche.

« Dès que le moment d'agir sera arrivé, cette armée
« de 70,000 hommes prendra les dispositions sui-
« vantes : 10,000 hommes garderont les différentes
« positions de la place de Besançon et les forts déta-
« chés; 10,000 hommes seront échelonnés sur le
« Haut-Doubs, entre Beaume-les-Dames et Pont-de-
« Roide, comme corps de réserve. — Pendant que
« 5,000 hommes feront une démonstration, sur Vou-
« jeaucourt, par Montbéliard, et que 5,000 tourne-
« ront cette ville par Blamont et Féche, le gros de
« l'armée, 40,000 hommes, entrant dans la Haute-
« Saône, se portera sur Belfort. Mais avant d'arriver

« à Héricourt, on détachera, de l'aile droite de l'ar-
« mée d'expédition, un corps de 5,000 hommes des-
« tiné à combiner ses mouvements avec ceux de Vau-
« jeaucourt et Blamont pour attaquer et enlever
« Montbéliard.

« Qui se rend compte des défenses naturelles de
« Besançon doit reconnaître que cette expédition se
« fera sans grand danger. En cas d'échec, l'armée se
« retirera derrière le Doubs et le Lomont déjà forte-
« ment occupés par 10,000 hommes.

« Ne serait-il pas difficile et dangereux pour l'en-
« nemi de s'engager dans un pays coupé de défilés et
« de combattre de pareils soldats qui auraient et la
« connaissance des lieux et l'avantage des positions ?

« Que cette armée de 50,000 hommes, appuyée par
« la réserve de 10,000 hommes, trouve devant elle
« des troupes trop considérables, que fera-t-elle ? elle
« pourra faire une conversion et se rendre maîtresse
« de la Haute-Saône, couper toutes les communica-
« tions de l'ennemi, en s'appuyant tantôt sur Langres,
« tantôt sur Besançon. »

CHAPITRE III

Tel fut mon exposé de la situation.

M. de Freycinet me répondit :

« J'approuve votre projet dans toute son étendue,
« d'autant plus que la Délégation de Tours a déjà songé
« elle-même à cette campagne. Les lettres qui arrivent
« au ministère de la guerre pour en demander instam-
« ment l'entreprise sont autant de symptômes dont
« elle doit tenir compte.

« Vos utiles renseignements nous confirment dans
« l'idée qu'on peut créer une armée de l'Est, dévouée,
« avec des éléments solides, *sans rien prendre aux*
« *armées de la Loire et du Nord, qu'on ne doit pas*
« *affaiblir.*

« Aussitôt que gardes nationaux mobilisés et
« volontaires seront équipés et exercés, ils seront
« placés sous le commandement de M. de Bressolles,
« général de division à Lyon : jeune, actif, intelligent,
« il trouvera dans cette campagne l'occasion de se dis-
« tinguer par son courage et son dévouement à la
« patrie. »

Puis, voulant hâter l'enrôlement des volontaires, M. de Freycinet me chargea de la mission suivante :

Cabinet du ministère de la guerre.

« Le ministre de l'intérieur et de la guerre autorise
« M. Juteau, chargé d'une mission par le gouverne-
« ment, de réunir avec le concours de M. le lieutenant
« colonel d'état-major de Bigot, au camp retranché de
« Besançon, sous l'autorité du général de division,
« tous les volontaires de l'Alsace, des Vosges, du
« Doubs et de la Haute-Saône, en vue de constituer rapi-
« dement des troupes régulières, destinées à opérer
« sous le commandement du général Bressolles.

« MM. Juteau et de Bigot surveilleront l'équipement
« et l'armement de leur troupe, pour l'organisation de
« laquelle les autorités civiles et militaires leur don-
« neront toutes facilités. »

« Tours, 6 décembre 1870.

Pour le ministre et par ordre.
Le délégué au département de la guerre,
DE FREYCINET.

Je fus autorisé officiellement à m'adjoindre M. Barthélemy Rigaud, riche propriétaire de la Ciotat, qui était venu mettre au service de la patrie en danger sa fortune et une expérience qu'il avait acquise à suivre, dans l'Inde, les opérations militaires des Anglais. Il m'accompagna à Besançon, où il me rendit des services dont il ne cherchait aucune récompense et qui, comme tant d'autres dévouements, furent perdus pour la cause nationale.

C'était donc à M. de Bressolles que la Délégation de

Tours avait d'abord pensé, pour lui donner le commandement en chef de l'armée de l'Est, qui devait se former et se concentrer à Besançon.

Quant aux fusils chassepots et aux canons demandés par M. de Bigot, je ne pus obtenir que des promesses. Aussi, je résolus d'y suppléer, en faisant appel au généreux patriotisme des habitants du Doubs, pour l'acquisition de ces armements si nécessaires.

Avant de revenir à Besançon, je m'arrêtai à Lyon pour rendre visite à M. de Bressolles et me mettre à sa disposition ; je voulais lui fournir tous les renseignements dont il pouvait avoir besoin sur la campagne prochaine.

Le général manifesta ses appréhensions sur l'issue de cette expédition entreprise dans un pays de montagne par une saison si rigoureuse : il faisait en effet à ce moment 15 degrés de froid. « J'obéirai si M. le « ministre l'exige, mais, en cas d'échec, je ne vois « pas d'autre moyen d'échapper à un désastre certain, « que de me jeter en Suisse avec mon armée. »

A cela je répondis qu'il ne pouvait entrer dans les vues de la Délégation de Tours de prendre immédiatement l'offensive, d'autant plus que les troupes nécessaires à cette entreprise, ne seraient en état de faire cette campagne que dans le courant du mois de janvier. A cette époque la température se serait sans doute adoucie.

Le 9 décembre, je trouvai à Besançon de nombreuses lettres, les unes venant de l'Alsace et des Vosges par la Suisse, les autres écrites de Lyon par les volontaires de ces provinces qui se trouvaient cantonnés dans cette ville. Elles exprimaient toutes les sentiments du patriotisme le plus ardent; dans les premières, c'étaient de nouvelles offres de services, dans les secondes, les volontaires de Lyon se plaignaient amèrement de l'inaction où le gouvernement les laissait s'énerver depuis si longtemps. « Ils sollicitaient la « faveur d'être promptement équipés et dirigés sur « Besançon, pour aller délivrer leur pays de l'inva-« sion prussienne, après avoir débloqué Belfort. »

J'envoyai immédiatement à Tours de nouvelles *notes* avec plans à l'appui. Adressées séparément à MM. de Freycinet, de Serre et Cazot, ces notes résumaient, en outre des nouvelles dispositions à prendre, les considérations que j'avais exposées verbalement en partie à M. le délégué à la guerre; faisaient ressortir l'urgence d'ouvrir à M. le préfet un crédit nécessaire à l'entretien des volontaires qui allaient affluer à Besançon.

La Délégation de Tours trouvait encore dans ces documents la preuve de l'empressement que la population avait mis à répondre à mon appel, lorsque je proposai une souscription pour l'acquisition de fusils chassepot et de six batteries d'artillerie.

Je m'étais adressé aux hommes de tous les partis, persuadé que toutes les passions devaient se taire en ce moment suprême.

Parmi les plus zélés à m'offrir leur concours et dont le caractère et l'influence pouvaient donner au comité de souscription une impulsion telle que Besançon eût été doté de ces armements avant la fin du mois, je citerai notamment, MM. Varambon, procureur général; Brusset, notaire; Besson, Courtois, May, avoués; Petet, dentiste; Moutrie, rentier; Mathey, horloger; Jacquart et Weil-Picard, banquiers.

Ami de plusieurs d'entre eux, compatriote des uns, ancien condisciple des autres, c'est à leur amitié, c'est à leur commune bienveillance que je dois le cordial accueil des habitants de Besançon. Qu'ils me permettent d'en consacrer ici le souvenir et de rendre hommage au patriotisme de tous.

Le temps s'écoulait au milieu d'événements toujours plus menaçants, et cependant je ne recevais de la Délégation ni encouragements ni instructions, malgré l'assurance qu'on m'avait donnée au ministère de la guerre que mes études avaient été examinées avec soin et que les personnes compétentes les trouvaient d'une exécution facile et dignes de toute confiance.

Depuis deux mois déjà, Belfort résistait avec une suprême énergie aux efforts de l'armée assiégeante; les prodiges de valeur qu'une poignée d'hommes accomplissaient, sous le commandement d'un chef héroïque, le colonel Denfer, excitaient l'admiration et les sympathies des populations de l'Est.

Pourquoi, disaient-elles, ne marche-t-on pas au secours de cette petite cité qui demeure inflexible et soutient si énergiquement, seule avec Paris, l'honneur national au milieu d'une pluie de feu et de boulets ?

J'écrivis, à ce sujet, au ministère de la guerre, plusieurs lettres dont je transcris les passages, où je me faisais l'interprète de ces sentiments de solidarité patriotique :

Besançon, le 20 décembre 1870.

M. de Freycinet, délégué au département de la guerre.

« Profondément ému des coups redoublés que les
« Prussiens *portaient* à Belfort, qu'ils bombardent de-
« puis quatre jours, je me suis permis de vous écrire
« hier précipitamment pour vous soumettre les ré-
« flexions que mérite la situation de cette ville.

« Il faut prendre vivement à cœur le salut de la
« seule ville qui nous reste en Alsace ; si nous ne la
« secourons de toutes nos forces, de tout notre pou-
« voir, voyez si nous n'aurons pas en tout agi dans
« l'intérêt de l'ennemi : Il faut secourir Belfort avec
« vigueur et avec empressement, car sans parler de
« la honte qui nous couvrirait, si nous l'abandonnions,
« je ne puis envisager sans effroi, les conséquences
« que pourrait avoir notre négligence.

« Où est, en effet, l'obstacle qui pourra empêcher
« les Prussiens, une fois maîtres de Belfort, de s'em-
« parer de Besançon, d'envahir ensuite la vallée du
« Rhône et le Midi.

« Si donc à Lyon et à Besançon, on temporise plus
« longtemps, ces deux villes verront bientôt de près
« les désastres dont elles pouvaient entendre de loin
« le récit, etc., etc..... »

Besançon, le 21 décembre 1870.

M. Cazot, secrétaire général du ministère de l'intérieur.

« C'est un devoir pour moi, d'appeler votre atten-
« tion sur un fait qui intéresse au plus haut point
« la défense nationale.

« Je veux parler du siége de Belfort, de cette petite
« ville que les Prussiens bombardent avec achar-
« nement. De tout ce qui peut nous déshonorer, ce
« qu'il y a de plus déshonorant assurément, c'est que
« nous abandonnions la seule ville d'Alsace qui
« tienne encore aujourd'hui. Si après avoir enlevé les
« villes de nos plus belles provinces, l'ennemi venait
« encore à se rendre maître de Belfort, sans qu'on eût
« tenté de le dégager, ne serait-ce pas pour nous le
« comble de la honte ?

« N'avons-nous pas cependant entre nos mains les
« moyens d'agir, si nous voulons faire ce qu'il faut ?
« Ces moyens, je les ai exposés dans les plans que
« j'ai établis, avec les conseils de M. de Bigot, lieute-
« nant-colonel d'état-major de la place de Besançon.

« En étudiant sérieusement ces documents, vous
« reconnaîtrez que débloquer Belfort, c'est délivrer la
« Haute-Saône, et reprendre le passage des Vosges.

« Le temps presse, Belfort attend ! les populations
« de l'est sont indignées de voir le peu d'empresse-
« ment qu'on met à porter secours à cette petite ville,
« qui se défend si héroïquement. »

Besançon, le 23 décembre 1870.

M. de Serre, au ministère de la guerre.

« Vous m'avez chargé de vous donner tous les ren-
« seignements possibles, au sujet de l'importance de
« la position de Besançon, soit comme camp retran-
« ché, soit comme base d'opération.

« Aujourd'hui que les circonstances présentes exi-
« gent impérieusement qu'on s'occupe sans délai de
« reprendre l'offensive dans l'est, si nous avons à
« cœur la conservation des provinces de l'est et du
« midi, je vous envoie le résultat de mes observations.

« La seule ville qui tienne encore en Alsace, Belfort
« est bombardée depuis huit jours ; il faut se décider
« enfin à la secourir, et qu'on prépare les secours au
« plus tôt. Si l'ennemi s'en rend maître, qui l'em-
« pêchera de prendre ensuite Besançon ? Vous savez
« mieux que personne, combien il est urgent de con-
« server ces deux places, postes importants qui ou-
« vrent aux Prussiens un passage facile dans les
« vallées du Doubs et du Rhône.

« J'ai résumé, comme vous le savez, mes observa-
« tions dans un travail que j'ai déposé, il y a déjà un
« mois, au ministère de la guerre, et où je démontre
« l'utilité d'une pareille entreprise, et les moyens
« d'exécution, etc., etc..... »

CHAPITRE IV

Ces trois lettres, à mon grand étonnement, demeurèrent sans réponse. Je me perdais à chercher la cause de ce silence, qui semblait volontaire après mon insistance, lorsque, à la fin de décembre, tout me fut révélé. M. le ministre de la guerre, au lieu d'utiliser des forces militaires naturelles, et attachées par le cœur, au sol même qu'il fallait défendre, ce qui était une économie de temps, d'hommes et d'argent, et une assurance de courage territorial, pour ainsi dire, M. le ministre de la guerre avait eu l'étrange et imprudente idée d'affaiblir totalement l'armée de la Loire, qui, par sa position entre Bourges et Nevers, pouvait combiner ses mouvements avec le général de Chanzy au Mans, et le général Faidherbe dans le Nord, de manière à tenir en échec, et à menacer sérieusement les troupes du prince Frédéric-Charles, et à diminuer les forces assiégeantes de Paris.

M. le ministre de la guerre, emporté par son caractère ardent, voulait une campagne prompte et décisive; il avait résolu de modifier et de n'appliquer qu'en partie le plan dont l'exécution pouvait avoir cependant des résultats sérieux dans l'est.

Sous le prétexte de se rendre compte par lui-même de l'état de nos forces militaires, il part, le 20 décembre, pour Lyon.

Dans un conseil de guerre qu'il présidait et auquel assistait le général Bressolles, il fut arrêté que M. Bourbaki prendrait le commandement de l'armée de l'Est, qui se composerait des troupes réunies entre Bourges et Nevers, et de celles de Lyon.

Le général Bourbaki reçoit l'ordre de diriger immédiatement son armée vers l'est pour débloquer Belfort et couper les communications de l'ennemi ; on l'assurait que son armée serait abondamment pourvue et que des renforts lui seraient promptement envoyés.

Ce fut dans les derniers jours du mois de décembre que l'armée commença son mouvement ; le 24º corps, commandé par le général Bressolles, était dirigé de Lyon sur Châlons-sur-Saône et de Châlons sur Besançon. Pendant que ce premier mouvement avait lieu, le 20º corps se portait rapidement sur Dijon, et de Dijon sur Gray. Le 1ᵉʳ janvier, le 18ᵉ corps était à Auxonne, marchant à peu près entre le 20ᵉ et le 24ᵉ ; le 2ᵉ et le 15ᵉ vinrent ensuite, en tout, une armée de 130,000 hommes.

Cette armée était plus formidable par le chiffre que par la solidité des troupes qui la composaient ; c'était une réunion d'hommes sans expérience, sans discipline, et n'offrant qu'une organisation incomplète ; le 18ᵉ et le 20ᵉ corps seuls avaient quelque consistance.

Les jeunes mobiles levés en hâte pour grossir l'armée, et transportés ensuite subitement des bords de la Loire, dans un pays de montagne, par un froid de 15 à 20 degrés, n'étaient-ils pas des victimes offertes aux dangers de la guerre ?

Déjà démoralisés, mal vêtus, mal chaussés, peu habitués aux fatigues de la marche, obligés de bivouaquer, par des temps affreux, sans avoir cette aptitude à bien s'organiser, que la troupe n'acquiert qu'au bout d'un certain temps, ces jeunes gens devaient bientôt encombrer les ambulances et les hôpitaux. Au lieu de cette foule de recrues rassemblées, qui porteraient dans cette expédition plus de confusion et d'embarras que de forces, n'aurait-il pas mieux valu utiliser les gardes nationaux mobilisés du Doubs, de l'Ain, de la Haute-Saône, les volontaires des Vosges, endurcis aux travaux et dont la plupart avaient déjà servi ?

On oubliait que ce n'est pas le nombre, mais la qualité des hommes qui fait les armées.

La plus grande confusion régnait dans les gares encombrées par les trains ; là, déjà s'entassaient, se pressaient une multitude de malades, dont le nombre devait encore augmenter de jour en jour, faute des précautions les plus communes auxquelles est tenue une administration prévoyante.

N'ayant rien prévu, rien calculé, l'intendance avait négligé d'établir, à l'avance, des magasins pour l'habillement et l'entretien de troupes si considérables.

Telle était cette armée sur laquelle M. le ministre avait cependant fondé de si grandes espérances, qu'il n'avait songé ni aux mesures, ni aux dispositions à prendre, en cas de revers.

C'était une faute des plus graves, car, dans la guerre où les chances sont si incertaines, et où l'imprévu joue un si grand rôle, il faut toujours prévoir la retraite et le moyen de l'assurer.

Et dans cette prévision, ne fallait-il pas former une armée de réserve pour occuper fortement Dôle, clef de toute la ligne et admirable position environnée de cette double ceinture de rivières et de montagnes, qui s'appuie si remarquablement, à l'est et à l'ouest, sur Besançon et sur Auxonne. De là, elle fermait l'isthme, situé entre la forêt de Chaux et la rivière de la Loue, qui donne accès sur les plateaux, couvrait Monchard, Arbois, Lons-le-Saulnier, en même temps qu'elle protégeait les derrières de l'armée de l'est et en défendait les lignes de communications.

Cette armée n'avait donc sur ses derrières ni magasins d'approvisionnements, ni réserve, ni places fortes en état de se défendre, pour points d'appui. Elle était exposée au plus grand désastre, si, dans sa marche hasardée sur Belfort, et faite sur une seule ligne, un événement quelconque interrompait ses succès et la forçait à battre en retraite. N'était-ce pas risquer la fortune dans une seule chance, sans se soucier des affreuses probabilités de l'avenir?

Voilà pourtant sous quels auspices le général Bourbaki ouvrait cette campagne qui devait tenir en suspens toute la France attentive; mais, pour en suivre la marche, il est nécessaire de jeter un coup d'œil sur la situation de l'armée prussienne.

Après l'abandon de la ville de Besançon par l'armée des Vosges, les Prussiens, sous le commandement du général Werder, avaient successivement occupé Lure, Vesoul, Gray, Dijon ; ils avaient même, comme je l'ai dit plus haut, livré bataille jusque sur les côteaux de Nuits. Mais, à l'approche de l'armée de Bourbaki, ils évacuent précipitamment toute la Bourgogne et une partie de la Haute-Saône, poursuivis et harcelés par les francs-tireurs.

Le général Garibaldi est chargé d'occuper et de défendre Dijon, protégé à cet effet par des fortifications passagères.

Une dépêche prussienne, du 1er janvier 1871, « signale la marche du général Bourbaki vers l'Est ; « on y voit l'intention d'opérer contre Werder, pour « couper l'armée qui assiége Paris de ses communi- « cations avec l'Allemagne et pour faire lever le siége « de Belfort, qui est la clef de ses communications. »

Le général allemand, voyant plusieurs points menacés, opère rapidement des concentrations sérieuses. Il comprend que si l'armée française parvient à couper les lignes de communications des Prussiens sur les Vosges, le ravitaillement des corps allemands autour de Paris et dans le reste de la France deviendrait impossible ; qu'une bataille gagnée aurait assurément pour conséquence de forcer les armées prussiennes à interrompre leurs opérations contre Paris et contre le Nord-Ouest. Il établit son quartier-général à Rougemont, et de là, il demande instamment des renforts ; de grands mouvements de troupes ont lieu en Alsace ; un corps considérable se porte sur Belfort et plus avant encore, pour soutenir les forces relativement faibles du général Werder; des détachements du 7me corps marchent par Langres à son secours. De nombreuses colonnes s'échelonnent aussi sur la rive droite du haut Doubs, prennent position entre Exincourt, Delle, Croix et Blamont, d'où elles peuvent forcer les défilés du Lomont, tourner notre armée de la Suisse et lui couper la retraite.

Instruit de tous ces mouvements par des lettres et par des avis particuliers, je me hâte d'en prévenir M. le ministre de la guerre; *le 4 janvier, je lui envoie la dépêche suivante, visée par M. le préfet du Doubs.*

4 janvier 1871.

« Monsieur le ministre de la guerre,

« D'après des renseignements certains, des troupes
« considérables se massent entre Belfort, Montbéliard
« et Delle ; elles peuvent forcer Blamont, les passages
« du Lomont, envahir les plateaux, filer le long de la
« Suisse, pour couper la retraite à l'armée de Bour-
« baki, près la forêt de Chaux (1).

« Pourquoi ne pas utiliser les volontaires de l'Alsace
« et des Vosges, qui s'énervent à Lyon ? ils demandent
« à marcher. »

Dans la situation où elle se trouvait témérairement engagée, l'armée de Bourbaki n'avait d'autre salut

---

(1) Les événements ont prouvé la justesse de mes prévisions.

que dans une prompte et décisive victoire ; il lui fallait à tout prix triompher de la résistance que l'ennemi se préparait à lui opposer, sinon sa position serait désespérée, en même temps que Besançon pourrait être surpris.

Une sage prévoyance prescrivait donc à la Délégation de Bordeaux de nouvelles dispositions à faire immédiatement ; d'abord veiller avec la plus grande sollicitude aux approvisionnements et aux munitions de l'armée ; puis, au nord-est, garnir le plateau de Blamont de canons, occuper fortement les défilés du Lomont, en faire autant au sud-ouest, dans l'isthme situé entre la vallée de la Louc et la forêt de Chaux, d'où les troupes pouvaient même couvrir Dôle ; ensuite, organiser promptement à Besançon une nouvelle division avec les volontaires des Vosges et de l'Alsace, qu'on laissait inactifs à Lyon ; enfin mettre Besançon en état de résister à un coup de main.

Ces mesures à prendre furent l'objet des deux lettres suivantes que j'adressai, l'une à M. de Serre, délégué, par M. le ministre de la guerre, auprès du général Bourbaki, et l'autre à M. de Freycinet, délégué au département de la guerre, à Bordeaux.

Besançon, 6 janvier 1871.

« Monsieur de Serre,

« Vous avez prié M. le Préfet de Besançon de
« vous expédier vos télégrammes, ce qui me fait
« supposer que vous prolongerez votre séjour au

« milieu de l'armée, où votre présence est nécessaire.
« Permettez-moi de vous soumettre mes observa-
« tions et mes réflexions au sujet de la place de
« Besançon, en style télégraphique afin de ménager
« votre temps.

« Besançon, base d'opération et pivot autour du-
« quel doivent s'exécuter les grands mouvements qui
« ont pour objectif de dégager Belfort, reprendre le
« passage des Vosges, tendre la main à l'armée de
« Paris, doit pour cela être à l'abri d'un coup de
« main.

« Achever promptement toutes les fortifications
« commencées, Montfaucon principalement, qui do-
« mine le fort Brégile, — redoute à Blamont ; fortifi-
« cations passagères dans l'isthme formé par la vallée
« de la Loue et la forêt de Chaux ; cet isthme est
« appelé, avec raison, la porte des plateaux ; — ap-
« provisionner largement la ville, ce à quoi on ne
« songe pas.

« Affecter à ces approvisionnements les greniers
« de la ville, occupés aujourd'hui par l'école d'hor-
« logerie; ces greniers construits par Vauban, en
« prévision d'un siège, sont voûtés et très spacieux.

« Réquisitionner le moulin de Taragnoz, situé
« entre la porte Notre-Dame et la porte Saint-Esprit,
« à l'abri des projectiles ; la force motrice est de 150
« chevaux. — Le moulin a été incendié, mais les
« meules peuvent encore être utilisées en les re-
« piquant. — Il satisfera à tous les besoins de la
« ville.

« Établir des torpilles terrestres comme celles
« qu'on emploie à Paris, autour des remparts.

« Organiser immédiatement à Besançon, une di-
« vision avec les volontaires des provinces en-
« vahies, etc..... »

Besançon, 9 janvier 1871.

M. de Freycinet, délégué au département de la guerre.

« M. de Serre m'a engagé à vous envoyer en com-
« munication la lettre que je lui ai écrite le 6 courant,
« sur les mesures à prendre, au sujet de la défense
« de Besançon. Il a chargé en même temps M. Cayol,
« capitaine du génie, d'aller à Bordeaux vous donner
« des explications verbales qui compléteront les con-
« sidérations contenues dans ma lettre.

« Ce capitaine sera l'interprète des sentiments pé-
« nibles que nous éprouvons tous les deux, M. de
« Serre et moi, en présence des lacunes regrettables
« qui existent dans la défense de cette place. — Con-
« flits entre l'autorité administrative et l'autorité mi-
« litaire, qui cesseraient, en subordonnant celle-ci à
« l'autre, ainsi qu'on l'a fait pour Lyon et pour Mar-
« seille.

« On doit d'autant plus se montrer circonspect que
« c'est de la position de Besançon que peut venir le
« salut de la France, côté d'où il y a quelque temps,
« on l'aurait assurément le moins attendu.

« Cette ville devant servir de point d'appui à l'ar-
« mée de l'est, il fallait se hâter d'en achever les for-

« tifications; d'y réunir d'immenses approvisionne-
« ments; confier ce soin à une intendance intelligente
« et active, car un bon intendant vaut plus qu'un gé-
« néral, parce que sa prévoyance met les généraux
« en état d'entreprendre tout ce qu'ils veulent. Mal-
« heureusement pour nous, l'intendance se compose
« aujourd'hui d'anciens sous-préfets sans expérience.
« Aussi, qu'en est-il résulté?..... un désordre, un
« gâchis regrettables; des trains perdus par défaut de
« surveillance dans les gares de chemin de fer; des
« chevaux en grand nombre morts de faim et de froid;
« les hommes restant deux jours sans manger, des
« vivres abandonnés sur la route; pas de débarque-
« ment pour les troupes qui restaient exposées des
« nuits entières à un froid excessif. L'hôpital Saint-
« Paul, à Besançon, encombré de malades qui, de
« l'aveu même des médecins, manquent de lits et de
« couvertures.

« La faute en est à qui? Est-ce au gouvernement?...
« Non, le gouvernement fait tout ce qu'il peut, mais
« malheureusement, tel est, vous le savez, M. le délé-
« gué, le sort des gouvernants qu'on les blâme sou-
« vent de ce qu'ils font et beaucoup de ce qu'ils ne
« font pas.

« Il est nécessaire, je crois, de former immédiate-
« ment à Besançon une division du Rhin, que l'on
« composerait des volontaires des Vosges et de l'Al-
« sace. — A l'approche de ce corps, dont je vous
« soumets le projet d'organisation, vous verriez se
« soulever les Vosges et l'Alsace, déjà frémissantes

« aujourd'hui. L'ennemi le comprend si bien qu'il
« braque des canons contre les villes de ces pro-
« vinces, et s'oppose, par tous les moyens, aux émi-
« grations des volontaires.

« Que l'on donne le commandement de cette divi-
« sion à M. Poisson, capitaine de vaisseau, comman-
« dant d'un fort de la place, officier plein de courage
« et brûlant du désir de se dévouer au pays.

« Que ne doit-on pas attendre d'hommes dont on a
« dévasté les propriétés, et chez lesquels le sentiment
« de la patrie et de l'indépendance est si profondé-
« ment empreint ? »

A ces lettres étaient annexées des notes précises où j'indiquais les points sur lesquels on devait diriger ces volontaires qui opéreraient une heureuse diversion dans le nord-est. Aidés, en effet, par la connaissance parfaite des lieux, ces hommes solides pouvaient, en tournant par Blamont, Audincourt, prendre les Prussiens à dos, pendant que le général Bourbaki les attaquerait de front entre Montbéliard et Héricourt. Il était facile de prévoir que le général de Werder, obligé de se replier devant des forces considérables, se retirerait derrière la ligne de défense qu'il avait établie entre les deux points, pour attendre des secours et pour couvrir Belfort.

Mais telle était l'illusion de M. le ministre, telle était sa confiance dans ces troupes improvisées que, ne doutant pas du succès, il dédaigna encore de faire entrer dans ses desseins ces éléments si nécessaires cependant à leur réalisation et à la sécurité de l'armée en cas de revers.

C'est le 8 janvier que la première rencontre eut lieu entre Villersexel et Rougemont. La ligne de bataille s'étendait de Cubry au Magny, Villersexel, Moimay, Marat et Esprels. L'affaire fut des plus chaudes et coûta aux Prussiens des pertes sérieuses qui ne s'élevèrent pas à moins de 4,000 hommes tant tués que blessés. Le château de Villersexel, propriété de la famille de Grammont, fut l'objet d'un engagement des plus vifs. Indépendamment des 4,000 Prussiens hors de combat, on fit encore à l'ennemi 1,400 prisonniers qui furent dirigés sur Besançon. La bataille dura deux jours et ne finit que le 9 au matin, ainsi que le déclare le général Bourbaki, dans sa dépêche du 10 : « La « nuit dernière a été passée à expulser l'ennemi des « maisons de Villersexel dont il nous disputait encore « la possession. »

Les brillantes affaires de Villersexel et d'Esprels, où se distinguèrent le 18e et le 20e corps, furent immédiatement suivies d'un nouveau combat devant Arcey. Ce village, situé à la croisée des routes de Villersexel à Montbéliard et de Belfort à l'Ile-sur-le-Doubs, était occupé par les Prussiens, qui s'y étaient fortement retranchés après la bataille de Villersexel.

Leur artillerie, placée à droite et à gauche du village et appuyée contre les bois, défendait non-seulement Arcey, mais encore la route d'Héricourt et de Belfort.

La veille, le général Bressolles garnit d'artillerie les

bois immenses qui se déroulent en avant d'Arcey. Le 13, à neuf heures du matin, l'attaque générale commença sous un soleil splendide, mais aussi par un froid de 20 degrés; la canonnade se faisait entendre sur toute la ligne, plus vivement cependant à la gauche, dans la direction de Gonvillars. Le front d'attaque s'étendait sur plus de cinq kilomètres de terrain; dissimulée dans le bois de Marvelise, notre artillerie lançait un nombre considérable d'obus sur le bois du Mont et sur Arccy, pendant que l'infanterie glissait le long de ce bois pour aller surprendre les Prussiens. L'artillerie ennemie répondait par un feu nourri; mais, à midi, elle était réduite au silence et obligée de se replier en abandonnant Arcey.

Sans laisser un moment de repos à l'ennemi, nos troupes emportent successivement les positions de Desaudans, Semondans, Aibre, Ecclenans et Saint-Julien. Elles avaient jusqu'alors marché avec un entrain admirable, malgré les souffrances que leur causait une température glaciale; mais les vivres commencent à manquer, ainsi que les munitions. Et à la grande confiance que leur avaient inspirée les premiers avantages, succèdent bientôt le découragement et les appréhensions d'un avenir incertain.

Ces conditions physiques et morales des troupes n'étaient pas propres à favoriser l'entreprise du général Bourbaki.

Werder fortement retranché derrière la Luzine, entre Montbéliard et Héricourt, recevait des renforts considérables, qui affluaient de tous côtés. — Ses positions, protégées par un profond ravin, sur les pentes duquel l'ennemi avait élevé plusieurs étages de batteries, armées de pièces de siége du plus fort calibre, présentaient une défense formidable.

Pour combattre ces énormes canons de 24, qui balayaient au loin la rive droite de la Luzine, et envoyaient des obus, jusqu'au milieu de leurs bivouacs, nos soldats n'avaient à leur disposition que des batteries de campagne. D'un autre côté, Montbéliard avait été extrêmement fortifié par Werder, qui avait fait élever des ouvrages en terre, et barricader les rues.

Malgré tous ces désavantages, le général Bourbaki fait exécuter une attaque générale, depuis Montbéliard jusqu'au Mont-Vaudois, en cherchant à faire franchir la Luzine à Bétoncourt, Buiserel et Héricourt. La ligne des batteries ennemies apparaissait tantôt comme un immense incendie, tantôt comme un voile de vapeur et de fumée obscure.

Les troupes de l'aile gauche, ayant fait un mouvement tournant pour faciliter cette opération, furent elles-mêmes menacées et attaquées sur leurs flancs.

L'ennemi résista à tous ces efforts, puissamment aidé par des obstacles, existant déjà à l'arrivée de l'armée française, ou créés depuis et trop forts pour être enlevés d'assaut.

Dans cette journée, le général Bourbaki avait enlevé la position de Montbéliard, à l'exception du château, et s'était emparé d'une partie de Héricourt, qu'il ne put conserver. Il fit recommencer la lutte le 16 et le 17, sans plus de résultat, malgré la vigueur avec laquelle

elle fut conduite. Les Prussiens, qui avaient subi des pertes énormes, jugèrent cependant prudent de se tenir sur une réserve constante.

Cet échec jeta l'armée dans le plus grand découragement, d'autant plus qu'elle manquait de tout ; les vivres étaient épuisés, et les munitions étaient arrêtées par des temps affreux. La situation devenait de plus en plus critique, car une nouvelle armée était venue renforcer l'ennemi.

En présence de positions inexpugnables, et de l'état d'épuisement où, à tous égards, les troupes étaient réduites, le général en chef devait songer à la retraite.

Il voyait toutes ses espérances déçues, et ses soldats démoralisés ; des maladies sévissaient, développées par une double cause, d'une part, la rigueur de la saison, de l'autre, le dénuement le plus complet ; les bivouacs offraient un triste spectacle : les soldats tout glacés, se groupaient autour de quelques feux, essayant de ranimer des charbons à demi éteints qui ne donnaient que de la fumée sans chaleur. Au lieu de se coucher, ils étaient obligés, pour se réchauffer pendant la nuit, de marcher de long en large, au milieu de la neige.

Il était impossible de conserver la moindre illusion, quant à l'issue de la campagne ; le moment où l'armée opérerait sa retraite n'était pas éloigné, tout le faisait pressentir.

CHAPITRE V

Le 17 janvier, je quittai avec M. de Jouffroy, colonel des gardes nationaux mobilisés du Doubs, le quartier général, établi à Aibre, où j'avais été appelé par une dépêche, dans laquelle M. de Serre me demandait des documents importants et nécessaires à l'état-major. M. de Jouffroy m'avait accompagné pour appuyer de son autorité l'avis que j'avais donné à M. le ministre, de faire occuper fortement Bondeval et Blamont, et signaler en même temps les conséquences fâcheuses que pouvait avoir l'abandon de ces positions.

Malgré ma dépêche du 4 janvier, et ma lettre du 9, ces plateaux n'étaient alors défendus que par quelques compagnies de mobiles et de mobilisés, dont les chefs étaient livrés à leur propre inspiration et ne recevaient aucun ordre.

Ces faibles postes paraissaient un aveu du danger, plutôt qu'une mesure pour le prévenir.

Dans l'espoir de renforcer les quelques troupes qui gardaient Bondeval et Blamont, soit en ralliant les soldats échelonnés le long du Lomont, soit en demandant des secours à la division militaire, nous nous hâtons, M. de Jouffroy et moi, de prendre la route qui conduisait à ces plateaux, par Arcey et l'Ile sur le Doubs. Partis de ce dernier bourg, à huit heures du matin, nous nous engageons dans les défilés tortueux du Lomont, par un temps affreux ; tantôt la neige, tantôt la pluie glaciale, tantôt de violentes raffales qui nous cinglaient le visage et nous aveuglaient ; puis, chose étrange pour la saison, des éclairs partaient, se croisaient, se succédaient sans cesse ; de longs grondements de tonnerre partaient du haut du mont et allaient se perdre dans les ravins. Enfin, après dix heures de marche par des chemins impraticables, nous arrivons, à six heures du soir à Blamont, bourg de 800 âmes, situé sur un plateau du Jura, près des frontières de Suisse et non loin de la rive droite du Doubs.

Là, nous trouvons les habitants frappés de stupeur, courant en tous sens, dans les rues et ruelles, les uns traînant leur mobilier sur des charrettes, les autres emportant leurs enfants dans les bras. Partout s'élevaient des cris et des lamentations.

A nos questions, ces gens épouvantés, affolés, répondaient en nous montrant le ciel en feu dans la direction du nord-est. Sauvez-vous, criaient-ils, les Prussiens montent, approchent et arrivent de tous les points à la fois. En effet, nous entendions la canonnade et la fusillade se rapprocher, et les obus arrivaient jusque sur le plateau.

L'alarme qui était répandue parmi eux, leur faisait

croire à toutes les nouvelles les plus contradictoires et la peur grossissait la vérité. On disait que les Prussiens, repoussés par Bourbaki victorieux à Montbéliard et à Héricourt, refluaient sur Blamont et que M. le colonel de Vèse, commandant quelques compagnies de mobiles, avait abandonné le plateau de Bondeval attaqué par des forces considérables.

D'un autre côté, on disait que Bourbaki, cédant devant des masses imposantes, avait été obligé de battre en retraite et que les Prussiens s'avançaient pour envahir le plateau et aller lui couper la retraite ; malheureusement, cette dernière version était la vraie : en effet, notre armée souffrant du froid et de la faim, et manquant de munitions, rebutée d'une résistance à laquelle elle ne s'était pas attendue, avait perdu courage ; les Prussiens, au contraire, animés par le succès, prenaient une plus grande assurance à l'arrivée des renforts.

Une longue observation des positions ennemies ne fit que convaincre le général Bourbaki de la nécessité de battre en retraite, quelque répugnance qu'il y eût, car il était impossible de continuer. Il n'abandonna cependant le terrain que lorsque les soldats, exténués, succombaient aux maladies et qu'il connut les mouvements opérés dans le sud-ouest, par les Prussiens, pour lui couper ses communications avec Lyon.

Bourbaki dut se replier promptement sur Besançon.

Les événements allaient justifier les craintes que j'avais manifestées à M. le ministre de la guerre, lorsque je le prévenais qu'il fallait placer sur ces plateaux des troupes en nombre suffisant pour les garder. Il n'y avait pas de temps à perdre, car la poignée d'hommes qui occupaient Blamont ne pouvait opposer aucune résistance aux nombreuses troupes prussiennes qui pénétraient par tous les défilés. Pour nous rendre un compte exact de la situation nous nous plaçons sur la terrasse du château du capitaine Viette. De là, nous voyons plusieurs villages en feu; le canon grondait du côté de Montbéliard et d'Audincourt, et nous entendions la fusillade dans les bois avoisinant Abvillers, petit village, devenu aussi la proie des flammes. C'était la compagnie des francs-tireurs, commandée par M. Bourras, qui tenait encore, après s'être battue toute la journée; elle se repliait en bon ordre sur Blamont, faisant toujours face aux colonnes prussiennes. Mais leur cercle, se resserrant autour d'eux, gagnait à chaque minute du terrain. On les fit prévenir qu'ils allaient être cernés s'ils ne se hâtaient pas de prendre la dernière issue laissée libre. Avertis à temps, ils purent échapper au danger qui les menaçait. Voyant les chefs eux-mêmes indécis, je les engageai à se réunir en conseil, où l'on arrêterait promptement les mesures à prendre, car nous pouvions d'un moment à l'autre être enveloppés. L'avis parut bon, on le suivit à l'instant. Le conseil se composait de M. de Vèse, colonel, de MM. Lemoine et Cuvier, commandants et des capitaines de Grammont et Viette.

Au moment où l'on délibérait, on annonça le commandant Bourras : c'est un homme petit de taille, mais bien proportionné ; une barbe noire et des cheveux de la même couleur, encadrant une figure expressive et animée encore par des yeux très-vifs ; tout en lui indique courage, décision et intelligence. On comprenait, à le voir et à l'entendre, le prestige et l'autorité qu'il exerçait sur les hommes de sa compagnie dont il était l'idole.

Tout à coup, deux jeunes mobiles qu'on avait envoyés, déguisés en paysans, dans les environs, pour reconnaître la position de l'ennemi, entrent dans la salle du conseil, et annoncent que les Prussiens sont à Roche, à trois kilomètres de Blamont, et que, probablement, nous serions attaqués et cernés le lendemain matin.

Les chefs décidèrent que les compagnies se retireraient sur Pont-de-Roide, par Pierrefontaine, et que le commandant Bourras protégerait la retraite. Le détachement quitta Blamont à minuit, avec deux petites pièces de campagne ; la nuit était calme, mais obscure ; les hommes marchaient silencieusement, retenant leur haleine, portant toute leur attention sur les bois qui recélaient les Prussiens. Le capitaine Viette, jeune homme plein de courage et qui s'était souvent distingué par son intrépidité dans plusieurs escarmouches, pleurait de rage ; quoique le danger fût très-grand, l'ardeur de son sang l'emportait sur tout le reste, et il frémissait de voir des ennemis si près de lui, et de ne pas les attaquer.

A Pierrefontaine, les deux pièces de campagne furent placées en batterie et les hommes s'échelonnèrent en tirailleurs le long de la côte qui suit la route de Pont-de-Roide.

Je pris avec M. de Jouffroy le chemin de Montecheroux, à travers la neige et des sentiers tortueux, gravissant péniblement les rochers en nous attachant aux branches des arbres. Nous pensions gagner Besançon assez à temps pour décider la division militaire à envoyer des troupes qui défendraient les défilés du Lomont, entre Pont-de-Roide et Baume-les-Dames. Mais, si grande que fût notre diligence, nous ne pûmes cependant arriver à Besançon que le 23 janvier, le jour même où y entrait une partie de l'armée de Bourbaki, qui battait en retraite, poursuivie par les Prussiens.

CHAPITRE VI

Dès le lendemain, j'allai demander au général Bourbaki l'autorisation de prendre 4,000 gardes nationaux mobilisés du Doubs, avec lesquels il serait facile de garder les défilés du Lomont et permettre à l'armée d'opérer sa retraite. Il m'adresse au chef d'état-major; ce colonel me répond qu'on a pris des mesures en conséquence, et que le général de Bressolles a reçu l'ordre de garder ces positions avec le 24ᵉ corps.

Il était impossible à ces troupes démoralisées de résister tout à la fois au froid, à la faim et à l'ennemi, à travers les gorges des défilés où elles se trouvaient engagées, par un froid de vingt degrés. Partout de profonds ravins, des pentes couvertes de neige, des sentiers rocailleux, jetés à travers des abîmes. Les gardes nationaux mobilisés du Doubs, enfants de cette nature tourmentée, pouvaient seuls s'unir avec elle et se faire un rempart de ces rochers entrelacés pour arrêter l'ennemi.

Privé de vivres et d'abri, le corps du général Bressolles, tourné par Pont-de-Roide, et épuisé de fatigue par des chemins qui lui étaient inconnus, fut obligé d'abandonner ses positions et de suivre les plateaux pour gagner Pontarlier. Les Prussiens le suivaient de près.

Toute l'armée de Bourbaki se trouvait concentrée autour de Besançon, où elle ne pouvait se maintenir. En vain la ville présentait-elle des forteresses qui défièrent antrefois de formidables armées; inachevées, manquant d'approvisionnements, ne renfermant qu'un matériel de guerre insuffisant, elles n'étaient que des masses inertes et d'inutiles enveloppes. Elles n'offraient donc pas à des troupes découragées, dénuées de tout, un supplément de forces suffisant pour résister à l'ennemi qui s'avançait de tous les côtés. Aussi, la ville était dans le plus étrange désordre; l'armée remplissait les rues; on voyait, malgré le froid, toutes les fenêtres garnies de figures où se peignait l'anxiété. Les habitants étaient dans la consternation; ce désastre, aussi grand qu'inattendu, le Lomont forcé, les plateaux envahis, partout la guerre autour d'eux, et aucun moyen de se garantir; cette rapide succession de revers tout à fait imprévus les frappaient de stupeur; ils craignaient avec raison de voir se reproduire un nouveau Sedan.

Leurs appréhensions n'étaient que trop fondées, car des faits de la plus grande gravité s'étaient passés pendant que le général Bourbaki livrait des combats acharnés, entre Montbéliard et Héricourt, — ces faits du reste, dont il avait été instruit, l'avaient décidé à précipiter sa retraite.

Dès le 15 janvier, on signalait des mouvements considérables de troupes ennemies du sud-ouest vers l'est; plus de 50,000 hommes avaient traversé Montbard. Des files interminables de canons, de caissons, chariots et voitures, évalués à plus de 1,500, encombraient la route, souvent abandonnée, pour suivre des chemins de traverse. On disait qu'une armée allemande arrivait de Châtillon-sur-Seine, par Grancey, Is-sur-Tille, pour se diriger sur les derrières de l'armée de Bourbaki.

En effet, à partir du 19 janvier, de forts détachements se montrent à la fois ou successivement sur toutes les routes qui aboutissent à Dijon, avançant et reculant, se repliant un jour vers le nord, se retrouvant, le lendemain, à quelques kilomètres de la ville. Craignant un assaut pour cette place, le général Garibaldi les repousse en leur livrant, le 20 et le 22, des combats sanglants, où ses soldats obtiennent des avantages marqués. Mais le général n'avait pas compris que les détachements, qui semblaient menacer Dijon, n'étaient qu'une forte avant-garde, occupant les environs, pour masquer le corps principal d'armée qui, défilant le long de la Tille, marchait sur Dôle dont il s'emparait le 22 janvier. Je dois rendre ce témoignage aux habitants de cette ville que les gardes nationaux ont combattu héroïquement pendant trois heures; l'hôtel de la Ville-de-Lyon a été le théâtre d'une lutte acharnée, et la ville a été bombardée.

Il est nécessaire de donner des explications sur la présence inattendue de l'ennemi qui venait tout à coup surprendre le général Garibaldi et envahir la vallée de la Saône.

Dès que les Prussiens furent instruits des mouvements subits de nos troupes échelonnées entre Bourges et Nevers et de leur destination, ils s'empressèrent de réunir, sous le commandement de Manteuffel, appelé en toute hâte du nord, une armée, pour aller dans l'est au secours de Werder, qui ne disposait alors que de 35,000 hommes.

Cette armée était composée du 7e corps, rendu libre par la capitulation de Metz et de Mézières, du 2e, détaché de ceux qui assiégeaient Paris, d'un corps de landwer, en tout 70,000 hommes.

L'expédition était hardie et pleine de périls, car, si Bourbaki, qui avait une avance de plus de six jours sur Manteuffel, écrasait Werder dans cet intervalle, les Prussiens se trouvaient pris entre son armée victorieuse et celle de Garibaldi, et les chances de la guerre pouvaient tourner complètement à notre avantage.

Mais la fatalité voulut que l'intendance n'eut pris aucune des précautions les plus vulgaires pour hâter la marche de Bourbaki et amener à son armée les munitions, les ravitaillements et les ambulances nécessaires. Cette négligence de l'intendance causa à l'armée de l'est un retard de plus de cinq jours, dont le général de Werder sut habilement profiter; après avoir rallié toutes ses troupes, il se retrancha entre Montbéliard et Héricourt, qu'il eut le temps de fortifier, de manière à rendre infructueux tous les efforts de Bourbaki, pendant les journées des 15, 16 et 17 janvier.

Si, d'un côté, l'intervention tardive de Manteuffel n'avait été d'aucune utilité à Werder, pour repousser les attaques du général Bourbaki, de l'autre, elle menaçait alors du plus complet désastre cette armée de l'est, qui devait porter la peine de l'imprévoyance, vraiment incompréhensible, avec laquelle la Délégation de Bordeaux avait abandonné ses lignes de retraite à l'ennemi. Maître de Dôle, Manteuffel pousse rapidement ses colonnes sur Mont-sous-Vaudray, Byans, Arbois et Mouchard ; 12,000 Prussiens occupent ce dernier point et brûlent la gare du chemin de fer qui conduit de Besançon à Lyon, par Lons-le-Saulnier.

Le 24 janvier 1871, cinq jours avant l'armistice, il ne restait plus à l'armée de Bourbaki qu'une seule voie ouverte, celle de Pontarlier, à travers les montagnes du Jura ; et, dans ce cas encore, elle était menacée sur le flanc par Manteuffel ; situation d'autant plus critique, qu'elle était hors d'état de résister à une attaque, et pour elle, l'unique moyen de salut, c'était de se jeter immédiatement en Suisse !

Tel était l'état désespéré de notre armée, qui allait être enveloppée, serrée comme dans un cercle de fer. Le général Bourbaki en fut vivement affecté, d'autant plus qu'il avait reçu de Bordeaux une dépêche télégraphique où on l'accusait de lenteur et où l'on donnait presque à entendre qu'il préparait un nouveau désastre pour l'armée considérable placée sous ses ordres. Lui qui était venu si loyalement offrir son épée au Gouvernement de la défense nationale, lui, suspect ! compromis peut-être dans l'opinion de ses concitoyens !...

Cette pensée, jointe au sentiment de la responsabilité qu'il avait assumée, blessa son noble cœur ; il eut un moment de défaillance ; mais la main de Dieu fit dévier la sienne, et conserva à la France ce général si brave, si courageux et si dévoué à sa patrie.

L'armée avait perdu trois jours entiers sous les murs de Besançon. Ce retard devait lui être funeste, car, d'un côté, au nord, les Prussiens trouvant les défilés du Lomont abandonnés par le général Bressolles; s'étaient hâtés de profiter de cette faute. De nombreuses troupes envahissaient les plateaux et prolongeaient vers le sud, le long de la Suisse, leur marche menaçante pour les communications et pour la retraite de l'armée de l'est.

CHAPITRE VII

A ce moment, l'armée de l'est occupait les positions suivantes autour de Besançon :

Le 15ᵉ corps, sous les ordres du général Martineau, était concentré sur la rive gauche du Doubs, au sud-ouest de Besançon, gardant aux villages de Fontaine, Pugey et Cheney, les routes de Pontarlier et de Lons-le-Saunier.

Le 18ᵉ corps (général Billot), avec le 20ᵉ (général Clinchant), et la réserve (général Pallu de la Barrière), couvraient Besançon sur la rive droite du Doubs.

Enfin, le 24ᵉ corps (général Bressolles), qui avait été chargé de garder les passages de Beaume-les-Dames et de Pont-de-Roide.

Le 25 janvier, l'état-major français comprit la nécessité de mettre un terme à cette inaction, et de couvrir par un rapide mouvement vers le sud-est, la route transversale qui conduit à Pontarlier.

Au moment où *le général Clinchant*, succédant à Bourbaki, prit le commandement en chef, le 20ᵉ corps fut réduit à deux divisions, la 3ᵉ sous le général de Polignac, ayant été laissée à Besançon, pour renforcer la garnison de cette place.

Après deux jours de marche, les têtes de colonnes françaises arrivaient le 27 à Pontarlier, tandis que les Prussiens cherchaient déjà à intercepter cette seule ligne de retraite.

Le 28 janvier, toute l'armée française se trouvait donc concentrée aux environs de Pontarlier. Le 15e corps occupait le triangle formé par cette ville et les villages d'Oyé et de Sombacourt.

Le 20e corps était échelonné sur la route directe de Pontarlier à Champagnole, par les villages de Bulle, Bannant, Dampierre et Frasne; le 18e corps occupait au nord et au nord-ouest les villages de Doubs, Arlon et Dommartin; enfin, le 24e corps venait d'arriver dans un désarroi complet de Pont-de-Roide et de Saint-Hippolyte; il fut échelonné sur la rive gauche du Doubs jusqu'à Mouthe.

Le 29, la présence de l'ennemi se fait sentir par une double attaque aux deux extrémités de la ligne occupée par notre armée, à Chaffois et Sombacourt, près de Pontarlier, et, en même temps, aux Planches, sur la route de Foncine à Saint-Laurent. L'action était engagée sur ces deux points, lorsque la nouvelle de l'armistice, répandue par les maires de villages, produisit les effets les plus désastreux pour l'armée de l'est : les soldats s'imaginant que l'armistice s'étendait à toute la France, jugèrent inutile de prolonger la lutte et laissèrent l'ennemi occuper sans combat les positions disputées qui protégeaient la route par les Planches et Saint-Laurent. L'occupation des Planches par les Prussiens aurait eu les conséquences les plus graves, à supposer qu'il fut encore possible à notre armée d'effectuer sa retraite par cette voie.

On croyait à l'armistice ; toute la matinée du 31 fut employée à parlementer ; les troupes, persuadées que la campagne était terminée, ne songeaient qu'à s'établir le mieux possible dans leurs cantonnements. Les soldats se félicitaient, se pressaient les mains, s'embrassaient ; tous les visages étaient radieux. Mais pendant la nuit le général Manteuffel signifia au général Clinchant que l'armistice ne s'étendait pas à l'armée de l'Est et qu'il ne pouvait accorder aucune suspension d'armes.

Dans ces circonstances, il ne restait plus au général Clinchant qu'à prendre les dispositions nécessaires pour sauver son matériel, en tirant le meilleur parti possible d'une situation presque désespérée.

Le 31 janvier, — il adressait la proclamation suivante à l'armée :

« Soldats de l'armée de l'Est,

« Il y a peu d'heures encore, j'avais l'espoir, j'avais même la certitude de vous conserver à la défense nationale. Notre passage jusqu'à Lyon était assuré à travers les montagnes du Jura.

« Une fatale erreur nous a fait une situation dont je ne veux pas vous laisser ignorer la gravité.

« Tandis que notre croyance en l'armistice qui nous avait été notifié et confirmé à plusieurs reprises par notre gouvernement nous commandait l'immobilité, les colonnes ennemies continuaient leur marche, s'emparaient de défilés, déjà entre nos mains, et coupaient ainsi nos lignes de retraite.

« Il est trop tard aujourd'hui pour accomplir l'œuvre interrompue; nous sommes entourés par des forces supérieures, mais je ne veux livrer à la Prusse ni un homme, ni un canon.

« Nous irons demander à la neutralité suisse l'abri de son pavillon, mais je compte dans cette retraite vers la frontière sur un effort suprême de votre part. Défendons pied à pied les derniers échelons de nos montagnes, protégeons le défilé de notre artillerie et ne nous retirons sur un sol hospitalier qu'après avoir sauvé notre matériel, nos munitions et nos canons.

« Soldats, je compte sur votre énergie et votre ténacité; il faut que la patrie sache bien que nous avons tous fait notre devoir jusqu'au bout, et que nous ne déposons les armes que devant la fatalité. »

CLINCHANT.

Pontarlier, 31 janvier 1871.

Le général en chef se hâte de conclure, avec le général suisse Herzog, un arrangement pour l'entrée de toute l'armée sur le territoire suisse.

Voici la teneur de cette convention passée avec le gouvernement helvétique :

Verrières-de-Jours, le 2 février 1871,
1 h. 45 min. du matin.

Général Clinchant à guerre, Bordeaux.

« Je vous envoie copie de la convention passée avec le gouvernement helvétique.

« Entre M. le général en chef de l'armée de la Confédération suisse et M. le général de division Clinchant, général en chef de la 1ʳᵉ armée française, il a été fait les conventions suivantes :

« 1° L'armée française demandant à passer sur le territoire de la Suisse dépose ses armes, équipements et munitions, en y pénétrant.

« 2° Ces armes, équipements et munitions seront restitués à la France, après la paix, et après le règlement définitif des dépenses occasionnées à la Suisse par le séjour des troupes françaises. Il en sera de même pour le matériel d'artillerie et les munitions.

« 4° Les chevaux, armes et effets des officiers seront laissés à leur disposition. Des dispositions ultérieures seront prises à l'égard des chevaux de troupes. »

Manquent les paragraphes 3 et 5 que l'on a demandés à Lyon qui, paraît-il, n'a plus de communications avec Verrières.

« 6° Les voitures de vivres et de bagages, après avoir déposé leur contenu, retourneront immédiatement en France avec leurs conducteurs et chevaux.

« 7° Les voitures du Trésor et des Postes seront remises à la Confédération helvétique, qui en tiendra compte lors du règlement des dépenses.

« 8° L'exécution de ces dispositions aura lieu en présence d'officiers français et suisses désignés à cet effet.

« 9° La Confédération se réserve la désignation d'internement pour les officiers et pour la troupe.

10° Il appartient au conseil fédéral d'indiquer les prescriptions de détail destinées à compléter la présente convention.

« Fait en triple expédition.

« CLINCHANT, HAMS, HERZOG, LAURIN.

« *Signé :* Général CLINCHANT. »

Verrières, le 1ᵉʳ février 1871.

La convention fut dénoncée au général Manteuffel qui n'en tint aucun compte ; il voulait interdire toute voie de salut, prendre en bloc cette armée si nombreuse, et ne lui laisser aucun moyen d'échapper ; il avait, à cet effet, pris les devants.

Cette fausse interprétation de l'armistice avait jeté le désordre dans l'armée ; le départ eut lieu le 1ᵉʳ février, protégé par le corps du général Billot, qui avait été chargé de couvrir la retraite.

L'action s'engaga vers onze heures au col de la Cluse avec notre arrière-garde, et dura jusqu'à la nuit ; on se fusillait à vingt pas, près de la cabane du chemin de fer qui marque le tournant du col. L'armée de Manteuffel, engagée presque entièrement dans la trouée de Pontarlier et sur les crêtes, subit des pertes considérables.

Nos soldats, cernés de toutes parts, s'arrêtaient souvent, engageaient vivement l'action et ne se repliaient que vaincus par la supériorité du nombre. Harassés de fatigue, de faim et de froid, sans vêtements, sans souliers, ils opéraient cependant une retraite meurtrière pour l'ennemi : le terrain était jonché de cadavres prussiens, d'armes brisées; la boue et la neige étaient pétries de sang humain; de notre côté, nous avions aussi à déplorer des pertes cruelles; le 29ᵉ de marche, l'infanterie de marine surtout eurent à souffrir.

C'est à la réserve qu'appartient l'honneur de cette sombre retraite.

Pendant ces combats acharnés, l'armée continuait sa marche à travers des difficultés inouïes ; les routes étant encombrées ; la neige interceptant les passages, elle était obligée d'attendre le tour de chaque régiment et restait stationnaire, massée au débouché des chemins et des défilés; à peine si, exténuée de fatigue, sans pain, sans munitions, elle pouvait opposer une faible résistance. Et cependant l'ennemi continuait à canonner ces masses qui ne le menaçaient plus, et n'épargnait pas même les voitures d'ambulance ; il livrait ainsi un combat à la fois meurtrier et sans gloire, massacrant des hommes qui avaient conclu une convention pour se retirer.

De pareils faits seront stigmatisés par l'histoire; le général Manteuffel, qui s'en est rendu coupable et le pays qui ne l'a pas désavoué, seront flétris par la conscience du monde civilisé.

La situation de cette armée désorganisée était affreuse et offrait le spectacle le plus navrant; des soldats dans toute espèce de costumes et d'uniformes, brisé de corps et d'âme, n'opposant aux frimas, qui les raidissaient, que de misérables équipements, s'affaissaient et tombaient pour ne plus se relever.

Ces hommes, pour la plupart mobiles et volontaires, sans habitude de la marche et du havre-sac, qu'on avait transportés imprudemment au milieu des montagnes, par un froid excessif, n'avaient pas couché sous un toit depuis trois semaines, et presque toujours dans la neige. De distance en distance, des chevaux morts, portant de longues entailles pratiquées par des soldats affamés ; d'autres rongeaient l'écorce des arbres et s'attaquaient même aux roues des canons. Cavalerie, artillerie, infanterie, mêlées, confondues, s'entrechoquaient, défilaient à travers cet amas de rochers et de précipices ; bagages, caissons, canons démontés encombraient les routes. Cette marche était, pour la vue, pour l'âme de chacun, un spectacle navrant ; les morts restaient sans sépulture ; les blessés, les malades inspiraient à ceux qui partaient plus de compassion encore que les morts. Le temps glacial complétant l'œuvre de destruction, ces infortunés restaient et succombaient sur le champ de bataille : la mort après la torture !

Combien ont dû périr ainsi dans les défilés ! Leurs corps, recouverts de neige, n'ont reparu qu'au printemps !

Quant à ceux qui échappaient, leur situation ne leur semblait pas moins intolérable, eu égard surtout à l'éclat des débuts comparés à l'humiliation du dénouement.

Jamais, en effet, l'armée française n'avait passé par d'aussi extrêmes vicissitudes ; c'était assurément le plus grand désastre que nous eussions éprouvé dans cette guerre, et même, je crois, à aucune autre époque. La défaite était complète, sans bornes, absolue ; rien ne fut médiocre dans ce malheur.

L'armée se divisa devant le fort de Joux en trois courants, qui débouchèrent en Suisse par les routes des Rousses, des Fourgs et des Verrières.

Telle fut l'issue de cette campagne sur laquelle on avait, avec raison, fondé de si grandes espérances.

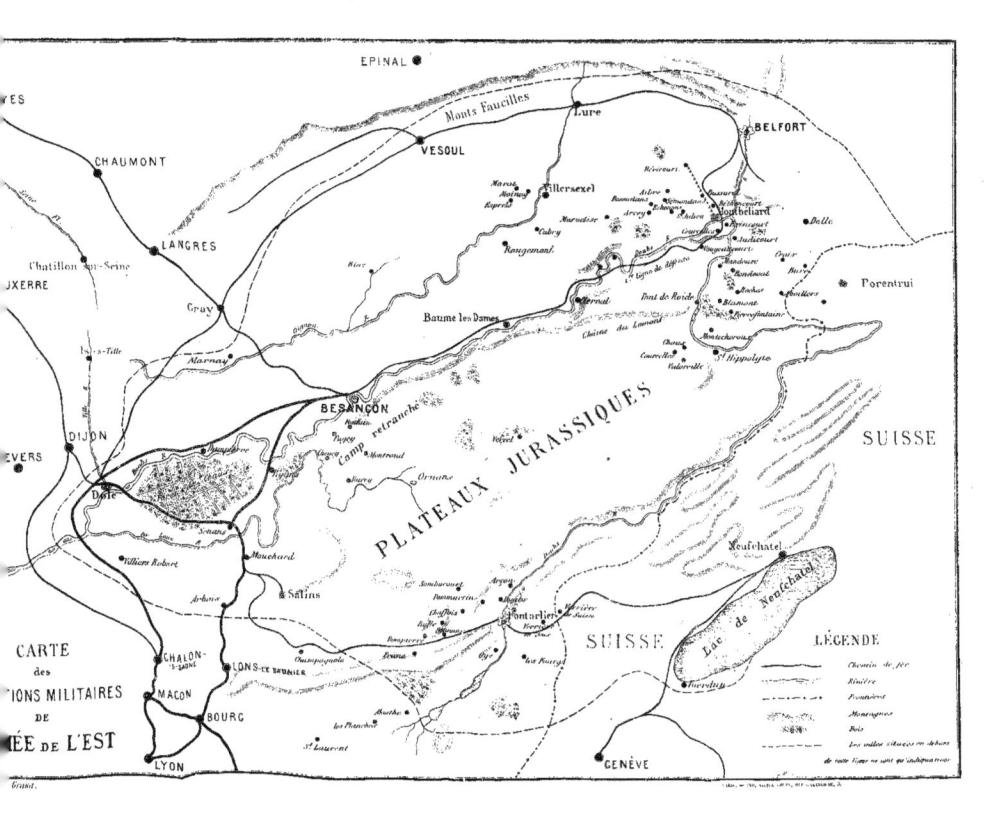

www.ingramcontent.com/pod-product-compliance
Lightning Source LLC
LaVergne TN
LVHW020108100426
835512LV00040B/1807